30秒看世界

30秒认识古罗马

[英] 西蒙·霍兰 著
[英] 亚当·希尔 绘
[英] 马修·尼克尔斯 顾问
康煦 译

中信出版集团 | 北京

图书在版编目（CIP）数据

30 秒认识古罗马 /（英）西蒙 · 霍兰著；康煦译
. -- 北京：中信出版社，2019.7
（30 秒看世界）
书名原文：Ancient Rome in 30 Seconds
ISBN 978-7-5217-0732-8

I. ① 3… II. ①西… ②康… III. ①古罗马－历史－少儿读物 IV. ① K126-49

中国版本图书馆 CIP 数据核字（2019）第 117352 号

30秒认识古罗马

著　　者：[英] 西蒙 · 霍兰
译　　者：康煦
出版发行：中信出版集团股份有限公司
（北京市朝阳区惠新东街甲 4 号富盛大厦 2 座　邮编　100029）
承 印 者：北京利丰雅高长城印刷有限公司

开　　本：787mm × 1092mm　1/16　　印　　张：5　　字　　数：60 千字
版　　次：2019 年 7 月第 1 版　　印　　次：2019 年 7 月第 1 次印刷
京权图字：01－2018－7505　　广告经营许可证：京朝工商广字第 8087 号
审 图 号：GS（2018）5921 号
书　　号：ISBN 978－7－5217－0732－8
定　　价：460.00 元（全 20 册）

图书策划：见识城邦
策划编辑：肖雪　程时音　　责任编辑：卢建勇　曲沛然　于贺
营销编辑：杨琪　　装帧设计：象上设计
责任印制：刘新蓉

30秒认识古罗马

目录

序

60秒介绍

古罗马不仅在古代举世闻名，而且现如今仍广为人知。庞大的罗马帝国或许早已灭亡，但古罗马人的思想、发明和生活方式至今依然存在。事实上，你对古罗马的了解很可能比你实际意识到的还要多……

当我们谈论古罗马社会时，脑海中浮现的或许是满身鲜血的角斗士、充满血腥的战斗、高高在上的皇帝或是神秘的男女神祇。你是对的。实际上古罗马拥有比你脑海中的这些印象更多的特征。古罗马辉煌文明中包含的种种思想、科技、文化和政治，发达程度远远超越了当时那个时代的平均水平。

在两千多年间，古罗马文明对全世界产生了广泛而深远的影响。这一令人难以置信的丰功伟绩是如何成就的？

首先，古罗马人将其他文明中的思想引入了自己的社会。古罗马人相信自己拥有世界上最好的生活方式，并通过强大的军团扩张文明，将越来越多的国家纳入自己的版图，形成了庞大的帝国。

古罗马文化的影响在今天依旧存在：很多建筑、雕像、硬币、陶器、镶嵌图案和珠宝都受到了古罗马文化的影响，诗歌、戏剧、档案和字母更是如此；除此之外，你打开水龙头，查阅日历，在娱乐场所游玩或是在宽敞笔直的大道上前行，都是在体验一种早在遥远的古罗马时代就已经存在的生活方式。

本书中的每一个话题都只有一页，你可以按照自己喜欢的速度阅读；如果你想要匆匆浏览，还有可以快速读完的3秒钟总结；书中还有全幅彩图，让你对每个主题一目了然；如果你还有时间，书中还有许多补充信息，等待你亲自发现并动手尝试。

古罗马人来了

伟大的古罗马文明统治欧洲虽长达数百年的时间，但一开始却仅仅由一些零散分布的农业聚落构成。随着时间推移，罗马成了神庙、纪念碑和公共广场遍布的繁华大都市。早先，古罗马是一个共和国，权力由公民掌握，但自公元前27年开始，奥古斯都废止了共和国制度，成了首位罗马皇帝。在罗马帝国的鼎盛时期，领土范围包括整个地中海区域和大部分欧洲地区。

古罗马的起源

30秒大揭秘

古罗马的历史可以追溯到公元前1000年。在那时，在意大利中部开始出现农业聚落。意大利中部地区丘陵众多，其中的两个丘陵——帕拉蒂尼山和卡比托利尼山上的聚落发展壮大，成为古罗马的中心。其他丘陵上也有聚落存在，于是，众多聚落逐渐一起形成了小小的王国，这大约是公元前625年的事。

这些以农业为生的人通常被称作拉丁人。伊特鲁里亚人等其他民族在公元前650—前600年来到这一地区，同样也在那里定居下来。

伊特鲁里亚人可能是公元前1000年时自地中海东部迁徙到意大利中部的。他们将居住地规划建设为城邦，每一个城邦都由一位国王统治，这种文明形态对古罗马早期发展产生了巨大的影响。古罗马早期的国王就有好几位伊特鲁里亚人。伊特鲁里亚人还是很多重要的建筑的设计者，如卡比托利尼神庙和马克西玛下水道（下水道在那时是主要的排污管道）。

3秒钟总结

根据神话故事，罗慕路斯建立了罗马城，但罗马城其实可能是由许多小的农业聚落发展起来的。

小知识

罗马神话

古罗马人坚信罗马城是由战神的儿子罗慕路斯和雷穆斯建立的。他们一出生就被装进篮子里放入了台伯河。篮子被冲上岸后，一只母狼和啄木鸟看到了兄弟俩，并为他们提供了食物，直到一位牧羊人收养了他们。兄弟二人长大成人后，决定建立一座城市，但却为城市建在哪里发生了争执。罗慕路斯杀死了雷穆斯，并用自己的名字命名了罗马城。

山丘和山丘上的定居点逐渐联合起来，形成了庞大的罗马城

罗马城建立在山丘之上，帕拉蒂尼山和卡比托利尼山是城市的中心

台伯河是古罗马繁荣发展的母亲河，古罗马人可以通过台伯河，将货物运送到32千米外的海岸地区

早期古罗马人以种地畜牧为生

共和国时代

30秒大揭秘

古罗马本来是由人民选出的国王统治的。

最开始的六位国王很好地统治了国家：他们建造了神庙和城墙，创设了战车竞赛和搏击比赛供人娱乐，并征服了周边的城邦，从而扩展了王国的范围。

但第七位国王，于公元前535年登基的塔克文，是位高傲、无情的暴君。他用暴力控制人民，相信自己和自己的家族可以凌驾于法律之上。因此，在公元前509年，塔克文被赶下王位。自此，古罗马人开始建立自己的“共和国”，权力也从国王那里回到人民手中。

在短短200年中，古罗马人建立了罗马共和国。人们选举官员作为自己的代表，让他们治理国家、做出决定。这些官员被称为执政官，他们接受元老院提出的建议。元老院由一小部分来自富有且拥有权力的家族的贵族组成，职责有控制国家支出、管理罗马帝国的统治、为执政官提出建议。元老的职位是终身制的。

元老院由两位执政官负责领导。执政官的任期仅有一年时间，这是为了防止他们拥有太多权力。

3秒钟总结

古罗马成了由元老院管理的共和国。

小知识

元老院

元老院成员并不是人民直接选举的，而是由一部分“重要的”古罗马人选出来的。他们讨论政治议题，在宣布战争或公共支出时给出书面命令（或是官方建议），交给执政官和其他官员执行。元老院里总是吵吵闹闹，元老们关于资金规划的演讲总是被高喊声、嘘声和辩论声打断。

元老院是古罗马最重要的人聚集的地方，他们在这里讨论如何管理共和国

民选的执政官共同执掌权力，代表古罗马人民

元老定期在元老院举行会议

两位执政官是政府最高首脑

许多元老都以有说服力的公共演讲，也即“演说”而闻名

帝国之始

30秒大揭秘

在公元前1世纪，罗马的领土范围已经扩展到意大利的大部分地区，并从周边国家获得了大量土地。在打败了北非的迦太基人和马其顿后，罗马的疆域变得更为广大。

但是，罗马高层爆发了激烈的权力斗争，并最终演变为内部战争。在公元前45年，将军尤里乌斯·恺撒率领军队击败了强有力的竞争对手庞培。尽管恺撒胜利了，但他的傲慢和对权力的渴望使许多罗马人产生了警惕。公元前44年，恺撒被一群与他同为元老的同胞谋杀。

恺撒死后，他的支持者马克·安东尼同意与他的养子屋大维一同执政罗马。但两人很快决裂，在公元前31年，屋大维在发生于希腊西海岸的阿克兴战役中打败了安东尼。

权力争斗和战争使共和国走向了终结。屋大维随后改名为恺撒·奥古斯都，并在公元前27年成为罗马的第一任皇帝。这一举动为后来由一千人享有极大权力统治国家的全新政权形式提供了基础。

3秒钟总结

古罗马当权者之间的权力斗争终结了共和国。

小知识

暗杀！

尤里乌斯·恺撒（前100—前44）在击败庞培后成为古罗马的独裁者，将所有权力握在自己手中。一部分元老担心他的行为可能摧毁共和国，于是，公元前44年3月15日，元老们在辩论时袭击了恺撒。他们身上藏有匕首，并用匕首在恺撒身上刺了23刀。这一戏剧性的刺杀行动将古罗马带入了恐慌与迷茫之中。

罗马人于公元前
43年入侵不列颠
北海
罗马帝国在公元117年
达到鼎盛时期
公元前58—前51年征服高卢
罗马
地中海
公元前264—前146年击
败迦太基人，获得西班牙
和北非地区
自公元前146年起，
希腊成为罗马行省
公元前30年，奥古斯都
击败克娄巴特拉，取得
埃及地区的统治权

皇帝

30秒大揭秘

自奥古斯都成为古罗马的第一位皇帝，到1453年东罗马帝国灭亡为止，古罗马一共拥有超过250位皇帝/共治皇帝。有些皇帝非常糟糕，有许多皇帝在位时间短暂，也有皇帝成为伟大的统帅或者明君。

由于大权在握，许多皇帝都可以为所欲为——无论是出于好的目的，还是坏的欲望。克劳多斯和图拉真等早期皇帝专注于扩张领土、保卫帝国，征服了许多民族，将古罗马的生活方式带到了那里。那些生活方式在古罗马人看来是“正确”且“最好”的生活方式。

有些皇帝并没有很好地利用自己的权力。盖乌斯（绰号“卡里古拉”）就是一位真正的暴君。他起初受人爱戴，但这可能是因为他把大笔金钱花在供普通民众取乐的竞赛和娱乐上；随后，他对权力越发渴望，坚持让人们像对神灵一样对他顶礼膜拜。人们如果在他走过时直视他光秃的头顶，就可能被判处死刑。他甚至将自己的马任命为执政官！卡里古拉在29岁时被暗杀身亡。

3秒钟总结

皇帝拥有完全的权力。有些皇帝因为自己的行为留名后世，直至今日。

3分钟任务

成为皇帝

你需要：笔和纸

有些皇帝大胆、果断而富有智慧，同时公平待人，另一些孱弱或残暴。你想要成为什么样的皇帝呢？如果你想要“统治”你的家庭，你主要会发布什么命令呢？写下十个管理家庭的政策（或者政治想法）。

那些名字流传至今的古罗马皇帝，有的是通过自己的努力让帝国变得强大的明君，而有些则是残忍的暴君

古罗马第一位皇帝，用强大的军队为古罗马带来了和平与稳定

忽视元老院，荒诞无度，坚持让人们将自己当作神

在“大征服者”图拉真的带领下，罗马帝国的疆域扩展到最大

第一位信奉基督教的皇帝，将帝国首都迁至拜占庭（又称君士坦丁堡）

残忍的统治者，处决了包括自己妻子在内的所有敌人

通过将帝国分为四个地区、任命不同管理者的方式，巩固了衰落的帝国

战争中的古罗马人

不管帝国变得多么庞大，野心勃勃的古罗马人一直都想要让它变得更为广阔。古罗马人的军队训练有素，一直是地中海地区最优秀的军队，配备有强大的武器。在击败迦太基人、日耳曼部落和其他民族之后，古罗马控制了远至不列颠和北非的广大土地。为了保卫新征服的土地，古罗马人沿着广大疆域的边境建立了要塞体系。

帝国军队

30秒大揭秘

古罗马人善于征战。在古代，迦太基人、马其顿人和高卢人等都拥有庞大的军队和勇猛的战士，但是古罗马军队训练有素、纪律严明，与他们的敌人相比更具组织性，战斗力更强。

古罗马士兵被称为“军团士兵”，因为他们以多达6 000人一军的大型“军团”为单位。“军团”中包含军官，也有医生等非战斗人员。在公元1世纪时，罗马帝国一共拥有28个罗马军团，共计16.8万士兵！

军团士兵通常待遇良好，除此之外，他们还会在战争胜利时得到升职和奖金，其中的一部分钱用来购买食物和维持标准武器装备。“薪金”（salary）一词就来源于拉丁文“salarium”（意为“买盐的钱”），因为古罗马士兵将得到的钱用于购买食盐，而食盐在当时是一种昂贵的生活必需品。

士兵来自罗马帝国广阔疆域的各个地区，一旦登记入伍，就必须在军队中服役25年时间。

小知识

古罗马军队生活

优点	缺点
· 周游世界	· 惩罚严厉
· 教育良好	· 战争危险
· 终生职业	· 生活环境恶劣
· 收入稳定，且可获得额外的战利品	· 女性无法入伍，因此士兵无法结婚
· 退伍后可以获得抚恤金或土地	· 体力劳动强度大

3秒钟总结

古罗马军队组织严密、训练有素、纪律严明。

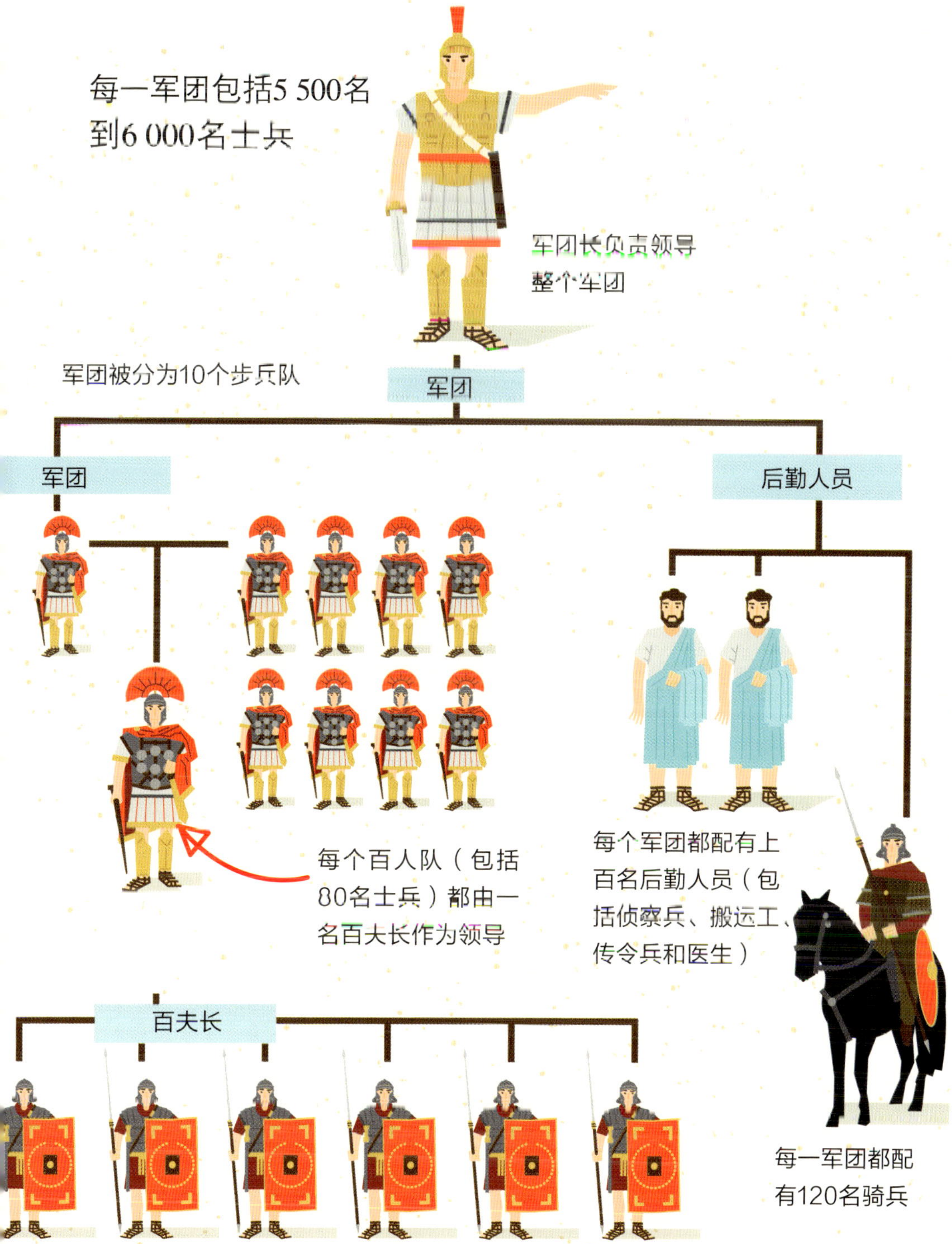

每个步兵队都由6个百人队组成，共计480名士兵

战斗装备

30秒大揭秘

成为一名士兵意味着得到了一份好工作，获得了较高的社会地位，但这份工作很辛苦。军团士兵每天最多要行军30千米，负担40千克行李（包括帐篷、食物、炊具和武器，以及自己的行李和盔甲）。

军团士兵随身携带两支长枪，用于向敌人投掷。士兵还配有短剑，用于近距离战斗。如果短剑折断或是掉落，就会使用短刀继续战斗。士兵左手举起盾牌遮挡袭击，头上戴着头盔保护自己。

士兵用不同的阵型迎战敌人。结成“龟形阵”时，士兵将盾牌遮挡在头顶和阵型四边，以提供全面的保护。在头顶可能受到暴雨般的攻击时，这种阵型非常有用。三角形的阵型“楔形阵”则是用于冲破敌人军队防线的军阵。

部分军团士兵有着特殊的职责。他们是弓箭手、重型武器操作者、骑兵和负责游到“突袭”地点埋伏的士兵。

3秒钟总结

军团士兵会受到训练，以听从战斗中的不同命令，许多士兵都有特殊技能。

3分钟任务

制作罗马帝国军队的盾牌

你需要：一大张瓦楞纸、彩色笔、彩色纸、剪刀和胶带

1. 在纸板上裁出一大块长方形，确保瓦楞纸的褶皱与长边一致。
2. 在彩色纸上用笔画好盾牌上的图案。
3. 在纸板背面用小卡纸粘出两个把手，并将盾牌折出弧度。

军团士兵薪金丰厚，但需要
自己出钱准备服装与武器

武器

30秒大揭秘

军团使用多种强有力的武器扩张领土、击败叛军或者在边境与敌人战斗。古罗马军队多年来一直战斗，所以制造的武器要求必须耐用。

有些武器像未组装的家具一样“扁平”地包装在一起，可以用车运输到战争发生的地方，然后再组装成型。还有一些武器需要当场制作，士兵需要在附近砍伐树木，获取木材。

弩炮又被称为“野驴”，是一种可以发射石块或火弹的巨大的弹射器，或许由于突然弹射的动作像是野驴踢东西而得名。弩炮可以将投掷物发射越过高达300米的敌方防御工事——城墙。古罗马人还使用强大的弩车，它看起来像是缠绕着东西的十字弓，用来发射石块和长矛。

如果古罗马军团要攻击一个要塞或城市，他们会将高大的木制攻城塔滚动到城墙上固定住，再用攻城用的槌、绳索、钩子和梯子不遗余力地攻进城内。要从古罗马军团的手中逃脱绝非易事！

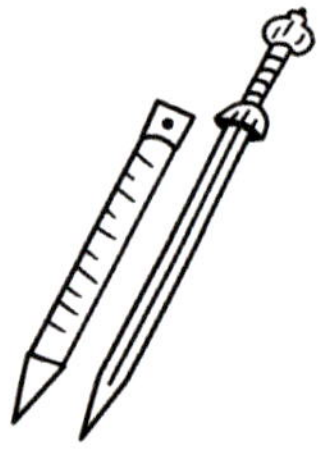

3分钟任务

建造迷你弩炮

你需要：3根小棒、1条有弹力的绳子、纸张和1位成人助手

1. 让成人助手每只手拿一根小棒，然后将有弹力的绳子绑在两根小棒上，并拉紧。
2. 将第三根小棒放在弹力绳中间，戳动弹力绳，再旋转角度，直到感觉绳子越来越紧。
3. 在第二根小棒“发射器”的顶端放好纸团做成的“炮弹”，然后发射！

3秒钟总结

古罗马人使用巨大的武器和巧妙的防御阵型来击败敌人，保护自己。

军团在战场上使用强大的武器，并建造攻城器，向敌人的城市和要塞推进

面对面的徒手战斗十分残酷。“龟型阵”看起来像龟甲一样，给军团提供一定程度的保护

高高的攻城塔与敌方的城墙高度差不多，这样士兵就可以越过城墙攻击城市内部

弩炮发射的投掷物可以击中300米外的目标

攻城塔和其他大型武器通常都是在当地建造的，因为这些武器十分笨重，难以长途运输

大型战役

30秒大揭秘

为了在古代世界中保持强大的军事实力，古罗马人在海上和陆上进行了很多场战斗，也为自己树了许多敌人。

地中海和周边的土地曾经长时间受到位于北非的强大城邦迦太基的控制，但在公元前264年到公元前146年，古罗马人与迦太基人进行了三场主要的战争，史称布匿战争［拉丁文中“布匿”（Punicus）意为“迦太基人”］。迦太基人的将领是汉尼拔，据说汉尼拔的父亲让他发誓永生与古罗马人为敌。

古罗马人的另一大敌人是匈奴人，这个部落当时居住在今天的匈牙利与德国地区。匈奴人的首领名叫阿提拉，他联合了许多罗马帝国的敌人，与罗马帝国进行了四场主要的战争。

伊庇鲁斯国王皮洛斯是古罗马著名的对手之一。伊庇鲁斯位于希腊的西北部。皮洛斯率领军队在两次大型战役中击败古罗马军队，但他失去了太多士兵，不想再赢下去了！由此，“皮洛斯式的胜利”一词被用来形容以远超可承受的代价来取得的胜利。

3秒钟总结

古罗马有许多强大的敌人，如迦太基人和匈奴人。古罗马人与他们进行了许多大型的战争。

小知识

汉尼拔攻打罗马

公元前218年，汉尼拔计划从陆地上突袭罗马，而不是像通常一样从海上进攻。他带领军队和战象穿越西班牙、法国，翻越阿尔卑斯山，进入意大利北部。他在雪山上失去了四分之三的军队和几乎所有大象，尽管如此，他花费了15年时间攻打意大利北部，最终进军到离罗马仅有5千米的地方，但并未成功征服罗马城。虽然汉尼拔又坚持进行了一天战争，但最终还是率领军队回到西班牙。

在第二次布匿战争（前218—前204）期间，迦太基名将汉尼拔大胆翻越阿尔卑斯山，进攻罗马

汉尼拔的行军路线从西班牙开始，穿越高卢（今法国地区），然后向南进入意大利

阿尔卑斯山脉
罗马

汉尼拔计划由陆上突袭罗马，而不是像通常一样从海上进攻

汉尼拔开始行军时，军队中有三四十头大象，但大部分都在远征途中死亡了。此外，这次远征中还死去了四分之三的士兵

进入意大利后，汉尼拔在几场与古罗马人进行的战斗中取得了胜利，但一直没能征服古罗马

海外征服

30秒大揭秘

古罗马人一直尝试征服新的地区，扩展帝国的版图。为此他们不得不努力取得胜利，从而一直保有这些土地。他们在帝国前线建造了巨大、慑人的要塞以保卫边境，这同时也是向周边大声宣告："我们是罗马人。打起精神注意了——我们非常强大！"

要塞一旦建成，就变成了小型城镇。500名到1 000名士兵、军官和其他与军队相关的人在这里居住、工作，从事各行各业。

不列颠是距古罗马遥远的边境要塞中的一座。古罗马人于公元43年入侵不列颠，公元122年，来自古罗马的征服者在不列颠北部建造了哈德良长城。它包含16个要塞，是罗马帝国最北端的标志，阻挡了来自不列颠北部部落的袭击。

驻扎在不列颠的士兵生活极其艰苦，他们在寄回家中的书信中抒发了对家人的思念。一位士兵在信中要求家人为他寄来保暖的袜子，因为北部的严寒让他太难适应了！

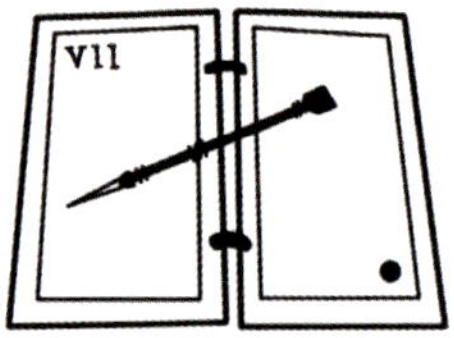

3秒钟总结

军团士兵在新征服的土地上建造要塞。

3分钟任务

用3分钟时间设计一个要塞

你需要：普通的白纸或方格纸、笔和尺子

画出你对属于自己的要塞的城镇规划。思考你要如何保护城镇（建设城墙、瞭望塔还是沟渠），居民应当如何进出城镇，如何安排数百位士兵和其他居民所居住和使用的建筑和各种设施，不要忘记住房、食品店、卫生设施和马厩。如果需要建设属于你自己的城镇，你需要哪些人的帮助？

帝国边境上建有
大型军事要塞

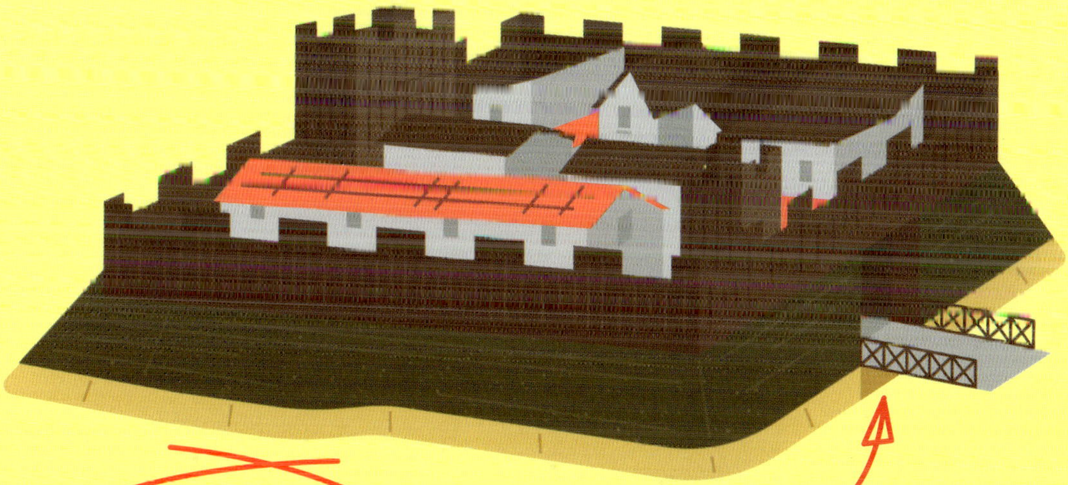

大型要塞中拥有医院、马厩、工坊、食品店、面包房、浴室和公共卫生设施

要塞被高大坚固的城墙、瞭望塔和环城的沟渠保护

士兵居住在窄小的住房中。每个房间住有8人，每栋房屋住有80人

士兵们的生活十分艰苦，他们常年远离家乡，驻地只有最基本的设施

工程、艺术和建筑

古罗马人是杰出的建筑师和工程师。他们建造了壮丽的建筑，在整个帝国范围内铺设了公路网络，有些公路至今仍然存在。他们杰出的技术创造包括拱门、高架水渠、混凝土，甚至包括世界上第一个集中供热系统！古罗马人也是技艺娴熟的艺术家和工艺家，他们受到希腊艺术的影响，创造了许多优美的雕像、壁画和镶嵌装饰图案。

古罗马科技

30秒大揭秘

古罗马人从其他文化中学习了技能和本领，同时也发展了自己的技术。古罗马正是由于拥有先进的技术水平，才产生了历史上强大且具有影响力的文明。

金属工匠使用来自不列颠、西班牙和葡萄牙矿山中出产的金、银、铜、锡、铅、铁和汞制造工具、武器、钉子、硬币和精美的首饰。他们将铜捶打成薄片，或是加热铁矿等矿石，提取纯金属。工匠将金属加热变成液体形态，然后使用模具浇铸成想要的形状。

古罗马的玻璃工匠是玻璃行业的高手——他们在那时使用的技术，有些到现在依旧无法解释！例如，他们使用好几层不同颜色的玻璃制作花瓶，有时还将最外层的玻璃雕刻成“浮”在表面的图案，也就是浮雕。

在罗马帝国时期，建筑工程都使用了一种古罗马人新发明的材料——坚固而防水的混凝土。混凝土比笨重的石材更易于运输，价格也更低，能轻易运用到任何地方，并能被塑造成任何形状。

3秒钟总结

工匠娴熟的技艺不仅来源于其他文化，也有古罗马人自己发明的技术。

3分钟任务

制作珠宝

你需要：铝箔、彩色珠子或人造宝石

1. 将铝箔切成较大的正方形，然后对折，得到一张较厚的铝箔。
2. 弯折并折叠铝箔，将厚铝箔折成手镯、项链、胸针或是徽章的形状。
3. 用彩色珠子或人造宝石粘在铝箔上作为装饰。

硬币、首饰和工具都是由技艺娴熟的金属工匠制造的

古罗马人加热矿石，将金属提取出来，然后将金属加工成不同形状

风箱将空气泵入火炉中，让火烧得更旺

把金属放在坩埚中，在火上加热

在金属变成熔融状态，即液体状态时，将坩埚从火上移开

将熔融的金属倒入陶模，等待冷却

手镯等首饰被打造成特定的形状

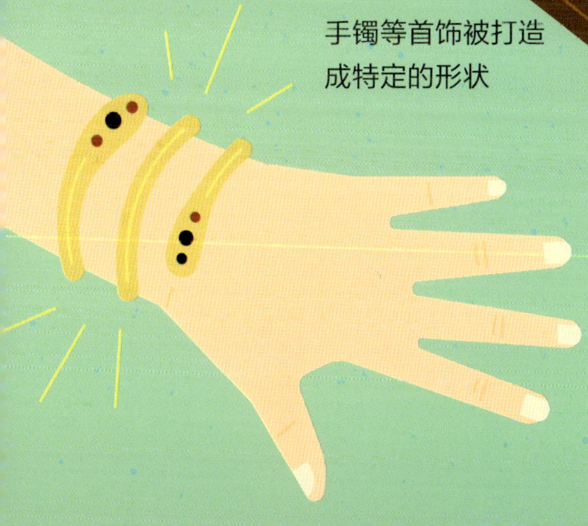

金属匠人制造工具时使用许多种类的金属，但铁是最重要的

道路建设

30秒大揭秘

你是否听说过“条条大路通罗马”这句谚语呢？事实上，罗马城是罗马帝国广泛分布的公路网络的中心，这一网络可以伸展到帝国最遥远的地方。公路是罗马文明存续中最重要的部分，它们方便了帝国境内的军队调动、货物往来和补给运输。

这些道路都尽可能按直线建设，这样人和货物就可以更轻松地往来于各地。道路很容易辨别方向，也有可以显示距离的里程碑。道路旁还设有休息用的驿站，为马匹提供饮水和食物，疲惫的旅人也可以在这里休息进食。军队也会沿道路巡逻以保障旅行者的安全。

古罗马的道路是古罗马军团在800多年的时间里征战各地时逐渐修建起来的，有些道路只覆盖着砾石和碎鹅卵石，但主要的大道都是用石头铺建的，可以持续使用很长时间。其中一条主路甚至铺了很多层，每一层都施工精准。有些道路由于建造精良，直到2 000年后的今天依旧保存完好，或许你就已经走过这些道路了！

3秒钟总结

古罗马人建造了广泛分布的道路系统，有些道路历经千年依旧保存完好。

小知识

通向战争的道路

今天，我们依然可以在罗马城外看到保存完好的亚壁古道。这条古道于公元前312年投入使用，古罗马军队通过这条道路可以直接到达190千米外的卡普阿城，与萨姆尼王国战斗。道路造价高昂，但元老院一致认为建设这样的道路意义重大。如果没有这些道路，古罗马军团不可能快速行军，保卫帝国城市与边疆。

建造横跨罗马帝国的公路网络是保证士兵在和平时期依然辛勤工作、发挥作用的好方法
道路最上层是有“拱形”弧度的石材，雨水可以从道路中间自动流到两侧
道路两侧是沟渠或石制的水道，用于汇集道路上流下的雨水
首先，军团士兵挖出沟渠
然后，士兵将沙土、碎鹅卵石、碎石和石料逐层铺好

水利建设

30秒大揭秘

古罗马的城镇和城市都需要大量的水，从而用于饮用、洗涤、烹饪和排污。为了获取泉水，古罗马人建造了高架水渠。这种长水渠将流水向下运输到数千米之外的城镇。在大部分的时间里，水是沿管道流动的。

古罗马陆续建造了11座高架水渠，每天一共能为城市提供超过7.5亿升水。这些水中的一部分被储存在巨大的水箱中，通过城市内的管道输送到各个建筑物内；另一部分直接流入了喷泉。这一供水系统足够为一座拥有一百万居民的城市提供水源。

古罗马设计师在城市建造了巨大的地下排水管网，用于排放污物和污水，保护城市免受洪灾侵袭。就算是贫穷的市民也可以使用厕所或是将污物倒入排水管中，让家庭保持洁净，免受污物困扰。

古罗马的排水管网系统非常有名。直至今天，我们依旧在使用拉丁语plumbum（意为铅，古罗马人用于建造排水管道的金属）派生的单词plumbing（水管设施）来形容家庭中的供水系统。

3秒钟总结

高架水渠、水道和水管设施运入清洁的水，带走污物。

小知识

公共厕所

古罗马的公共厕所被称为“foricae”。公共厕所最多可以容纳20人，里面有两排长椅，椅子上方有洞。公共厕所中没有隐私——事实上，公共厕所一向被视作聊天与交流八卦的地点。古罗马人在方便时并不使用厕纸，而是使用海绵，将它绑在一根长木棍上，每次用完后还要用水浸湿并放回原处，供下一个人使用！

清水通过高架水渠流入城市，污物通过排水系统流出城外

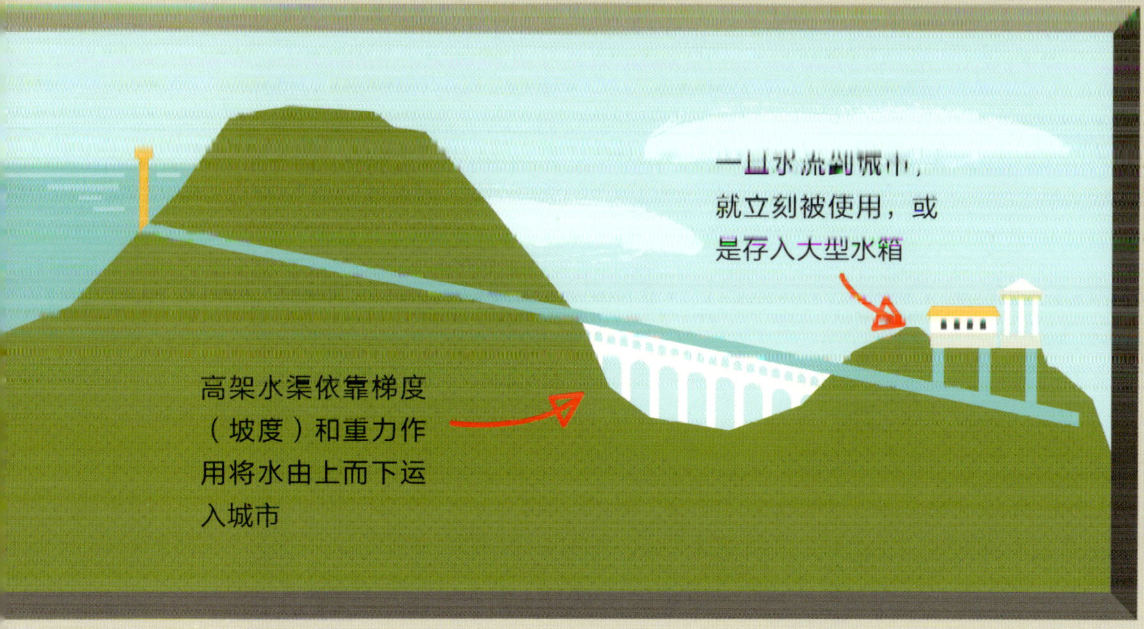

宏伟建筑

30秒大揭秘

古罗马人是天才的建筑师。他们在帝国里建造了许多建筑。无论是政治家聚集的恢宏建筑，还是神庙、浴室、向公众开放的剧场和宏伟的纪念碑，都展示了古罗马的盛名与力量。

古罗马设计师喜欢拱形结构的建筑。他们发现，拱形结构可以跨越较长距离，能比一整块石材负担更多重量，因此拱形结构的建筑与以坚固墙壁支撑的建筑同样坚固，甚至有时拱形结构还更为结实。同时，建造拱形大门不仅可以节省建筑材料，还能让人与车顺利通过！

古罗马建筑师同样研究出了如何用混凝土建造巨大的圆顶。世界最著名的圆顶就是位于罗马万神殿的殿顶，它历经近两千年的时光，但依旧是世界上最大的无筋混凝土圆顶。

3分钟任务

建造一座拱桥

你需要：卫生纸芯筒、纸板、剪刀和胶带

1. 将每个卫生纸芯筒纵向剪成两半，形成两个小拱形，小拱形的数量依自己的喜好而定。

2. 使用胶带将每个剪开的小拱形的两个长边粘在一起，组成一个大拱形。

3. 剪出一个长条纸板，纸板长度需要足以覆盖整个芯筒桥。

4. 沿着大拱形顶部的长度将长纸板与拱形粘起来。

5. 现在，测试你建造的桥梁可以承受的重量。先从较轻的物体开始，然后逐渐增加较重的物体……直到拱桥最终倒塌。

3秒钟总结

技艺娴熟、拥有独特灵感的建筑师和设计师建造了罗马帝国宏伟的建筑。

万神殿是一座令人惊叹的建筑杰作，直至今天，它依旧是世界上最大的无筋混凝土圆顶

万神殿是一座神庙，但它可能曾经是皇帝公开露面时使用的建筑

万神殿庞大的球型圆顶上，竟没有使用一根金属棍或是锁链进行支撑

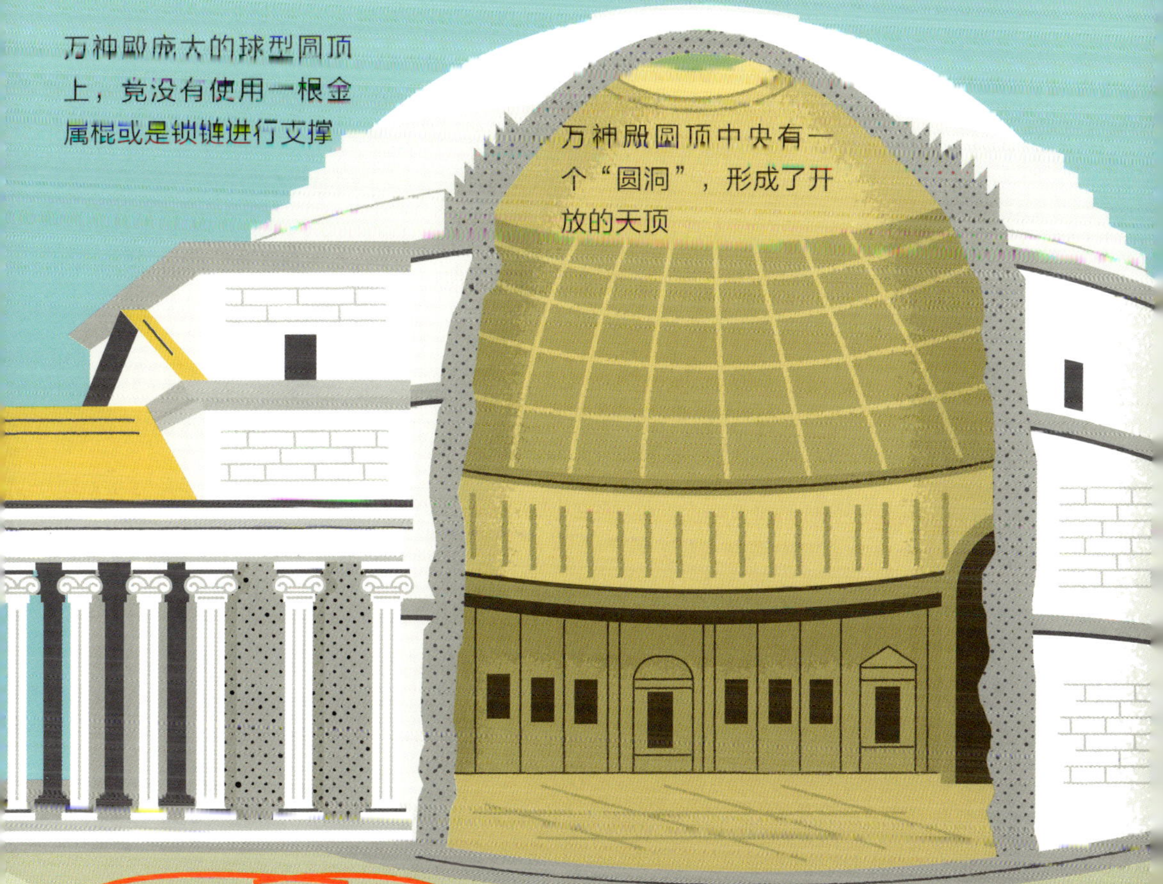

古罗马建筑师沿袭了古希腊圆柱的风格

陶立克式圆柱是最古老、最简单的圆柱样式

爱奥尼亚柱式较陶立克式更为优雅

科林斯柱式是最具装饰性的柱式

古罗马人的房屋

30秒大揭秘

古罗马人的房屋和今天的房屋一样，也是多种多样：有些宏伟壮丽，也有些质量较差，造价低廉……这完全取决于谁住在里面！

在城市中，家境较为贫穷的公民和家人一起生活在拥挤的“楼房”中，这些“楼房”通常位于商店和食品店的顶层，环境嘈杂肮脏。“楼房”不一定配备厕所或接通水管，同时，由于建筑材料廉价，房屋经常裂缝，甚至倒塌。

较为富裕的人居住在别墅中。别墅通常建在铺平的中庭，也就是“广场”的附近，雨水沿着开放的天井流入蓄水池，蓄水池使得房间里变得清凉。多余的水从蓄水池流入地下的储水池并被保存，用于饮用或烹饪。

古罗马人还发明了一种集中供暖系统，名为“坑式供暖”。火炉中的热空气被送入地板下的空间和墙壁中的空心砖中，使房屋保持温暖。

3秒钟总结

富裕的古罗马人住在有供暖、供水的大房屋中，而贫穷的古罗马人居住在窄小拥挤的楼房中。

小知识

庞贝古城遗址

维苏威火山于公元79年喷发过一次，喷射出的岩浆和火山灰淹埋了庞贝古城长达1 500年。1748年，庞贝古城被发掘出来，人们发现整个城市和多数居民都被火山灰覆盖。火山灰变硬，使得居民的遗体与房屋保存下来，没有腐坏。这一重大发现使得历史学家能够从中瞥见古罗马人生活的一角。

别墅不仅仅是一栋房屋，而且是财富和社会地位的重要标志

城市

30秒大揭秘

古罗马城市既有奢华的场所，也有贫穷的街区。典雅的公共区域和宏伟的纪念碑旁边几步远的地方可能就是拥挤繁忙、店铺密集和地位较低的市民居住的街道。

大多数古罗马城市（包括罗马城）的中心都是广场。人们可以在广场上见面，进行交易、处理事务或是讨论政治。城市中主要的神庙与政府建筑都围绕广场而建，以凸显其重要性。平整的主要街道呈网格状分布，从广场一直延伸到城墙之外，穿过士兵把守的大门。城墙保护城市免遭敌人入侵。

城市里同样建有供市民使用和享受的各种娱乐设施，包括观看战车竞赛的体育场（“圆形竞技场”）和欣赏角斗士表演以及其他公共表演的圆形剧场。罗马的圆形大剧场甚至可以容纳45 000名到50 000名观众。皇帝为这些建筑物的建造和在其中表演的精彩节目买单，因为这是让公众高兴的好方法！

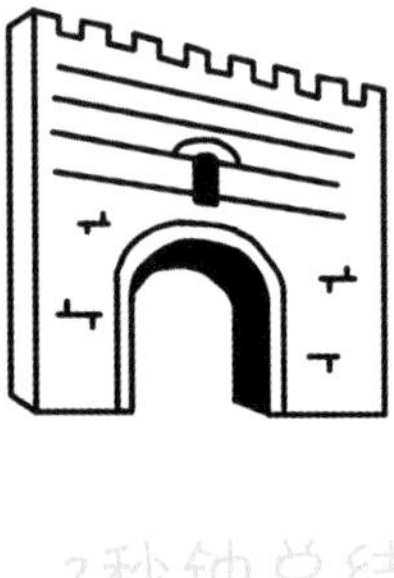

3秒钟总结

城市拥有许多公共空间和壮观的建筑，但也有拥挤的贫民区。

3分钟任务

规划城市

你需要：纸、笔和尺子

想象你所在的城镇、村庄或地区是什么样的，构想建于其中的主要建筑和公共空间——学校、公园、超市、商店、游泳池和剧场的位置并画出来。你希望把自己的家建在哪里？你还希望在这个计划中加入什么东西？

多数城市中心是广阔的公共区域，通常被称为广场

广场周边建有纪念碑、政府建筑和神庙

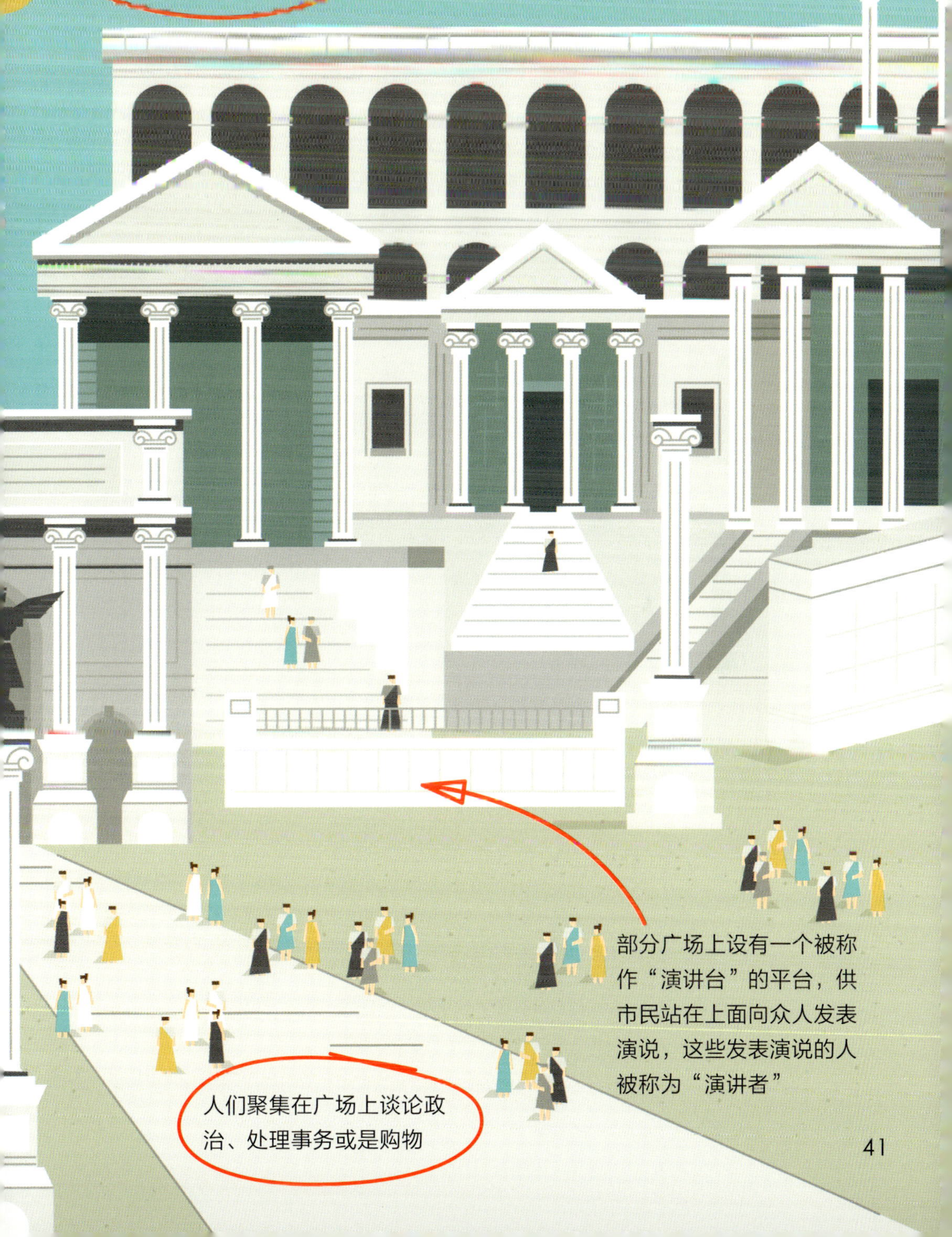

部分广场上设有一个被称作“演讲台”的平台，供市民站在上面向众人发表演说，这些发表演说的人被称为“演讲者”

人们聚集在广场上谈论政治、处理事务或是购物

伟大艺术

30秒大揭秘

古罗马人是优秀的艺术家和工匠。他们擅长将来自其他文化的艺术和建筑风格融入自己的风格，并制作优质艺术品。从精致的陶瓷到纪念雕塑，许多艺术品流传至今。

雕塑在古罗马广受欢迎。古罗马人为富有名望的公民雕像，以显示这位公民的权力和地位。这些雕像有时会将头像做成“可以替换”的，一旦这位人物不受欢迎，新英雄的头像就可以马上被换到雕像的脖子上！

古罗马人用木头、象牙等各种各样的材料绘画，但保存最好的绘画是壁画。这些明亮美丽的艺术品被涂在墙壁的石膏上，墙壁和地板也有的用马赛克装饰。马赛克是用名为“嵌片”的小型彩色石块制作成的。艺术家根据神话故事，将嵌片制作成不同的图案、肖像和场景。这些艺术家被称为镶嵌师，每个人都有自己的风格、图案模式和主题喜好。

3秒钟总结

古罗马人发展出了独特的艺术风格，这在雕像、绘画和镶嵌图案中得到了体现。

3分钟任务

制作马赛克自画像

你需要：彩纸（旧杂志、普通彩纸或纸巾、铝箔皆可）、大张白纸或纸板、铅笔和胶水

1. 将彩纸裁切或撕成许多小片。

2. 将自己的脸部轮廓画到纸板或白纸上，然后添加眼睛、耳朵、嘴巴、鼻子和头发的轮廓。

3. 将撕成小块的纸放在纸张上，填充自己的肖像，等到满意时把彩片粘在纸板或白纸上。

最著名的古罗马艺术是壁画、雕像和马赛克

壁画画家将颜色一层层涂到湿石膏上

雕像是将一大块坚固的大理石雕塑成形，然后上色，有些雕像是由青铜塑成的

马赛克地板是由彩色石块在湿混凝土上镶嵌而成的

生活和娱乐

古罗马富人和穷人的日常生活有很大不同。在古罗马，一个人的住处、食物和受教育的权利都取决于其所属的社会等级——奴隶根本没有任何权利，但是所有古罗马公民（甚至包括最穷的人）都有权免费享受娱乐生活，战车竞赛和角斗士比赛尤其受欢迎。

古罗马社会

30秒大揭秘

古罗马社会分为多个不同的阶层。首先，居民或是“自由民”，或是奴隶。如果是自由民，则又分为罗马公民、非公民或外国人（被称为“异邦人”）。公民拥有较多权利，赋税较低，可以穿着“托加袍”——一种折叠后裹在身上的羊毛长袍。

公民也分为不同的社会阶层。皇帝和元老属于最富有、最上层的阶层，元老有权指挥军团，控制帝国的部分地区，也可能担任祭司。接下来是骑士阶层，然后是包括农民、商人和军团士兵的“普通”阶层。

如果在古罗马不是自由民，则属于奴隶，可以被当作仆人或劳工买卖。奴隶在农场、矿场等许多地方工作，而生活最好的是家庭奴隶，因为他们有机会与主人建立良好的关系。在从事劳动多年后，有些奴隶被主人释放，获得自由，有些则被赦免，得以赎买自由。这样，他们就成了“自由民”，或是“曾为奴隶的人”。

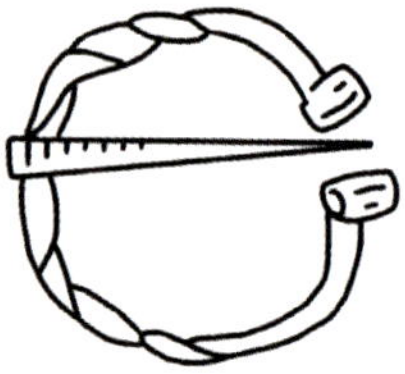

3秒钟总结

在古罗马，人们被分为不同的阶层，拥有不同的权利。

小知识

古罗马女性

在古罗马，妇女并不享有与男子相同的权利。接受教育的女性数量极少，女性也不能成为皇帝，不能进入元老院、军队或是政府。除非地位极高，女性通常在家中承担家务，即使在结婚后仍然受父亲的控制。不过，女性可以继承父母的财产，因此部分女性也能够拥有属于自己的财产，创办自己的企业。

古罗马居民所属的社会阶层可以通过穿戴体现出来

童年时代

30秒大揭秘

古罗马时代的儿童可以度过愉快的童年，但首要的任务是准备长大成人。他们尊重长者，服从作为一家之主的父亲。

奴隶的孩子跟随父母学习，通常是学习如何执行父母所从事的工作和相关技能，或是服务父母所侍奉的主人。普通公民的子女通常作为学徒学习——他们从10岁开始跟随技艺熟练的手工艺人学习编织或鞣制（处理皮革的方法）等技艺，也有些孩子去街道学校学习。

贵族家庭的儿童有机会接受更好的教育，男孩更是如此。博学的奴隶充当他们的教师，带他们去学校学习或是留在家里指导。孩子们主要学习历史、数学和文学，但首先，他们必须学习如何用拉丁文读写。这些孩子通过一遍又一遍的重复学习知识。

古罗马儿童在学习之外也会玩耍。他们的玩具包括娃娃、陀螺、弹珠和装有轮子的木质动物玩具，也有玩骰子和鹅卵石做棋子的棋盘游戏。

3秒钟总结

古罗马儿童需要学习技术或去学校上学，但他们同样有时间玩耍。

小知识

学习拉丁语

Ad hoc ——因此
Ad infinitum ——无穷无尽
Carpe diem! ——把握现在！
Per annum ——每年
Post scriptum（通常简写为“P.S.”）——备注
Quid pro quo ——交换
Tempus fugit ——时光飞逝
Veni, Vidi, Vici ——我来，我见，我征服
Vice versa ——反之亦然

富人家的男孩接受来自家庭教师或学校的教育，也有更多的时间玩耍。贫穷家庭的孩子通常在某一行业做学徒

儿童用石头等物品做游戏

富裕家庭男孩的奴隶负责教育男孩

学生使用“铁笔”在涂有蜡的书写板上写字

养育帝国

30秒大揭秘

由于人口增长，古罗马需要量大且可靠的食物供应来源。罗马帝国主要种植小麦，并将小麦磨成面粉来制作面包。古罗马的粮食大部分来自埃及和北非地区，因此，对地中海的控制至关重要，因为帝国需要确保运送谷物的船只安全抵达奥斯提亚港口。

另外两种主要农作物是橄榄和葡萄。橄榄可被压榨成油，运送到古罗马各个地方。装盛橄榄油的器具是一种被称为“双耳瓶”的大瓶。橄榄油可以在烹饪时使用，也可以用于照明和洗浴。种植在葡萄园里的葡萄通过用脚踩或机器压榨的方式加工，然后酿成葡萄酒。

大多数古罗马人都从事农业。许多人只拥有几亩土地，种植谷物、葡萄、橄榄、苹果、芹菜和洋葱。许多上流社会的古罗马人拥有乡村别墅和毗邻的农场。一些庄园规模很大，专门出产食品和牲畜，并将它们运到城市出售。西班牙的庄园以橄榄油闻名，而不列颠的庄园出产羊毛制品和啤酒。

3秒钟总结

在罗马帝国，农场向城市供应小麦、橄榄和葡萄酒等主要饮食。

小知识

如何让古罗马陷入饥荒

公元408年，西哥特人围攻罗马，占据了台伯河入海口的港口，使从海上运来的谷物无法进入罗马城。罗马城被围困不久，每日配给每位公民的面包数量就已经减半，之后减少到三分之一。几周之后，居民就开始挨饿了。围城起到了作用：几个月后，元老院向西哥特人赔款，请他们和平地离开罗马。

古罗马需要稳定且大量的食物供给。一旦供给断绝，愤怒的人民就会发起暴动

供给沿着台伯河从奥斯提亚港口向内陆运输

除了运输来的食物外，罗马也种植葡萄、橄榄、洋葱和苹果等作物

满载小麦、橄榄和葡萄酒的船只来自帝国各个地区，跨越地中海，到达奥斯提亚港口

北非地区是罗马帝国的“粮仓”，这里的小麦收成对帝国至关重要

食品饮料

30秒大揭秘

古罗马人以饮食丰富、节日盛大而闻名。然而，大多数居民的食物其实非常简单，只能梦想在节日期间吃到丰盛大餐！

储存新鲜食物很困难，在冬季或长途运输中更是如此。因此，古罗马人开发了许多保存食物的方法，包括烟熏、盐渍和酸浸等。如果所有方法都失败了，还可以用一种咸鱼做成的“鱼酱油”掩盖那些不太新鲜的食材的味道。

在城市街道上，获得自由的奴隶经营属于自己的酒馆，出售快餐。这些酒馆销售营养丰富的炖菜和粥，人们就着酒吃下食物。酒馆深受穷人的欢迎，因为他们居住的楼房里没有厨房和供水，也因为酒馆是个见面、聊天和交流八卦消息的好地方。

奴隶们在繁忙的商店和广场上的市场中购买肉、蔬菜和油，为富有的主人烹饪。如果奴隶的主人在家中举行宴会，那就需要上好几道菜，其中包括许多小菜，为此需要购买大量食物。

3秒钟总结

对于富人来说，宴会上的食物十分奢华，但多数居民仅靠炖菜和粥度日。

小知识

不寻常的菜肴

在古罗马，富人喜欢具有新意的食物。奴隶会为他们送上动物的舌头，厨师也会烤睡鼠、鸵鸟、孔雀及长颈鹿腿。有一种大胆的烤肉，是将一只鸡填在鸭子腹中，再将鸭子封在鹅内，接着将鹅送入猪腹——最终将所有东西放进一头牛里，进行烘烤。如果主人需要清凉的饮料，他甚至可以派奴隶到山上取雪来制作风味“冰沙”。

宴会上可能供应来自帝国各地的精美食物和葡萄酒

为使烈度降低，在酒中掺入了水

奢侈的菜肴包括烤睡鼠和烤长颈鹿腿

人们懒洋洋地坐在桌旁的躺椅上，用手进食

古罗马浴室

30秒大揭秘

公共浴池是古罗马文化的重要组成部分。洗浴是保持心情愉快和身体健康的好方法，人们经常在浴室和朋友或商业伙伴见面。男性和女性在不同时间沐浴，有些较大的浴室也设有男女区域。

洗澡过程需要持续好几个小时。通常，人们会在浴室外面的健身房中运动一会儿，然后让奴隶用有香味的油按摩身体。奴隶也会在洗浴人的皮肤上涂抹油脂，然后使用“擦身器”（一种弯曲的刀）将油脂刮去。

接下来，人们可以选择去冷水浴池中浸泡，也可以进入温水浴室中洗浴。从温水浴室中出来后，进入“高温浴室”，充分出汗，再进入一池热水中，最后进入有着大冷水池的“冷水浴室”。

从冷水浴室出来后，公共浴室之旅并未完结——人们还可以在小吃店进食，在华丽的花园中散步，观看杂技演员表演或是与朋友掷骰子游戏。

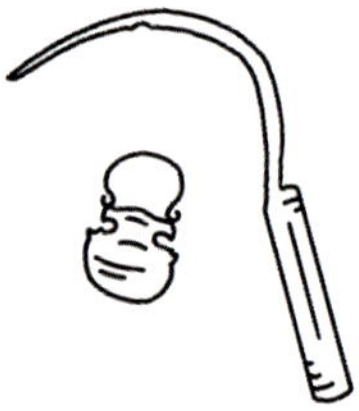

3秒钟总结

古罗马浴室用于清洁身体、放松身心、锻炼身体，还可以处理事务。

小知识

健康的古罗马人

从古罗马时代的作者笔下，可以了解到古罗马的药品和医疗水平。他们用未清洗的羊毛蘸上蜂蜜，涂抹在疱疹上，或将其浸入酒或醋中治疗伤口。古罗马医生还使用从地中海地区采集的物品制造药丸，原料包括洋葱、胡萝卜、香菜、卷心菜、苜蓿、山楂、木槿和栗子。

古罗马人去公共浴室的活动与今天我们在水疗或休闲中心所做的活动非常相似

浴室之旅先从更衣室开始。将身上的衣服换成“缠腰布”

在浴室外健身，慢跑一段距离，做些拉伸活动，或是举一会儿重

进入高温浴室或温水浴室

享受令人放松的按摩

在“冷水浴室”享受焕然一新的感觉。使用水池中的水清洗身体

日常娱乐

30秒大揭秘

大多数古罗马公民较为贫困，因此皇帝需要确保每个人每月都能得到一定的粮食配给，欣赏到免费的娱乐活动。一位名叫尤维纳利的诗人将这些礼物概括为“面包和剧场”。这些活动不仅让普通百姓感到开心，还为罗马帝国的伟大声誉做出了贡献。

古罗马人同样从古希腊文化中借用了许多戏剧类型。人们去剧院观赏喜剧、哑剧和悲剧，或是听诗人朗诵他们的作品。富人喜欢观看戏剧，在家中添加了许多戏剧中的场景。

位于罗马城的大竞技场拥有宽阔的竞赛车道，可容纳多达255 000名的观众观看著名战车驭手相互追逐、展开竞赛。罗马战车是一种最多可由四匹马牵引的两轮车，在竞赛时速度很快，十分危险。

血腥的角斗士比赛也十分受人欢迎。角斗士接受训练，使用武器和盔甲以不同的风格战斗。如果去圆形剧场看角斗表演，就可能会看到人兽搏斗，即来自古罗马各地的战士与狮子和熊等异国猛兽战斗的表演。

3秒钟总结

古罗马为富人和穷人都准备了许多种类的娱乐活动。

小知识

战斗至死

一些参加比赛的角斗士是战俘，他们被迫相互厮杀，直至其中一方死亡。奴隶也可以作为角斗士作战，但有些人自己选择成为角斗士。他们会努力训练，成为熟练的、难以战胜的战士。许多战斗都不需要角斗士战斗至死；如果出现僵局，皇帝可能会要求观众决定应该被杀死或是获得自由的人选。

不同的角斗士通常来自不同的国家，他们互相厮杀，娱乐众多的观众

斗兽士与狮子、熊或其他野兽搏斗

一位重装角斗士与一位莫米罗角斗士相互搏斗，莫米罗角斗士一手持较大的厚重盾牌，另一手持剑，而不是持枪

追击士经由特别训练，专门与渔网角斗士战斗

思想和信仰

古罗马人是伟大的思想家，从中涌现了许多著名的历史学家、诗人和哲学家。宗教是古罗马人生活的重要组成部分，人们信仰多个神祇，同时非常迷信，努力在生活中寻找各种好坏“征兆”或是来自神灵的谕示。约公元380年时，基督教成为罗马帝国官方宗教，旧的罗马宗教体系逐渐衰亡了。

伟大思想

30秒大揭秘

古罗马人受到古希腊人的影响，对世界有着深刻的思考，并通过诗歌、历史、哲学和文学作品来表达他们的观点。他们提出的许多想法在今天仍具有价值，值得人们讨论。

维吉尔（前70—前19）是古罗马著名的诗人之一，他写下了拉丁文史诗《埃涅阿斯纪》。这部史诗太过宏大，以致他一直没能完成！《埃涅阿斯纪》讲述了神话英雄埃涅阿斯是如何成为罗马民族祖先的。

此外，也有其他作家讲述罗马民族的真实历史。李维（前59—17）撰写了大量关于罗马建城的历史。塔西陀（56—约120）是古罗马伟大的历史学家，他以令人难以置信的细节描述了古罗马的第一批皇帝的统治和帝国边境外的日耳曼部落的情况。

塞涅卡（约4—65）和马可·奥勒留（121—180）是著名的斯多亚派哲学家。他们认为，世界是混乱的，我们无法控制世界，但我们可以控制自己的思想和信仰，成为“好”人。

3秒钟总结

古罗马思想家在继承古希腊哲学的基础上发展，成为著名的诗人、哲学家和历史学家。

3分钟任务

展示你的伟大思想

现在，轮到你成为哲学家啦！你有什么想法吗？你是否有想要追根求源的问题呢？写下你最想研究的问题，然后花三分钟时间讨论，或写下关于这一问题的想法。这里提供两个问题示例：“我们是否应该关注环境问题？”“是否应该努力成为一个好人？”尝试解释你的想法和这样想的原因。

有些古罗马作家是研究古代诗歌和哲学的学者，也有些政治家成了伟大的作家或历史学家

老普林尼（23—79）

老普林尼的作品启发了人们对于百科全书的认识，影响一直持续到今天

维吉尔（前70—前19）

维吉尔是一位喜欢将神话故事和古罗马历史结合在一起的作家

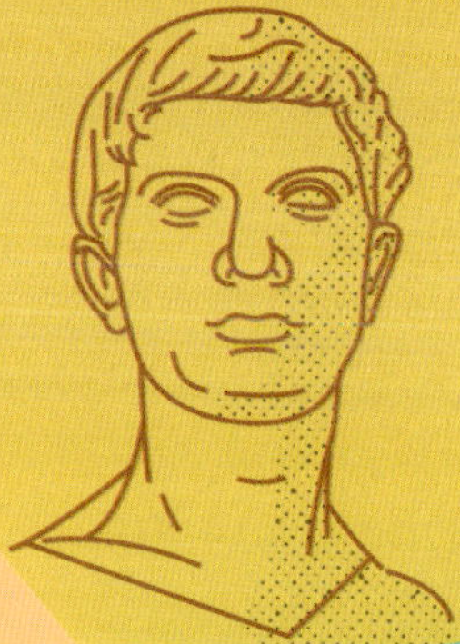

李维（前59—17）

我们现在对于古罗马的认知多数来自李维等历史学家撰写的著作

马可·奥勒留（121—180）

马可·奥勒留于161—181年在位，身为罗马皇帝的他同时也是知名的哲学家

迷信与命运

30秒大揭秘

古罗马人十分相信算命和超自然现象，特定的事件或自然现象会被视作未来好运或厄运的“征兆”。这种相信自然现象预言未来的观点可能是从伊特鲁里亚人那里传来的。

预知未来、解释征兆寓意的人就是“卜占官”或占卜者。在他们看来，任何自然灾难都是神祇发怒、需要取悦的象征。他们也使用一些工具（如飞鸟拼成的图案或是人、动物祭品的内脏）帮助自己解读。

人们会佩戴护身符或幸运符抵御“邪眼”等邪灵的侵害。“邪眼”是恶魔、鬼魂、恶灵或女巫以某种方式紧盯着人时致人生病、造成事故或带给人某种形式的厄运的说法。

3秒钟总结

古罗马人相信未来可被预知，十分迷信。

小知识

迷信与怪物

对于古罗马人来说，洒掉葡萄酒这样正常的事情是一种不好的征兆。其他可能带来灾难的征兆包括公鸡在聚会时啼鸣，黑猫进入房室或蛇从房顶掉落等等。人们相信狼人、吸血鬼或可以变成鸟的老妇是存在的，儿童害怕半人半蛇的女妖拉弥亚和来自冥府的女妖茉门来吸他们的血。

人们相信征兆（来自神祇的谕示）、占星术和恶灵

年轻女子会佩戴新月形状的饰品抵御“邪眼”，但在结婚后不再携带

年轻男子在脖子上佩戴垂饰，作为保护自己远离恶灵的“锁”

几乎所有人都相信占星术，皇帝奥古斯都使用摩羯作为印在硬币上的图案

拉弥亚是追求鲜血的女妖，古罗马人相信拉弥亚四处游荡，寻找小孩吞吃

神祇

30秒大揭秘

古罗马宗教混合了各种各样的传统、仪式、思想和迷信思想。随着帝国扩张，古罗马人从征服的土地上“借鉴”了其他民族的信仰、传统和神祇。

公元前146年，部分我们今天称之为希腊的地区被古罗马征服，而意大利南部也存在希腊殖民地。因此，古希腊文化与古罗马文化融合，希腊神话中的男女诸神被吸收进了古罗马的宗教，古罗马人使用古老的伊特鲁里亚文学或拉丁文为众神重新命名——希腊神话中的众神之王宙斯成为朱庇特，而狩猎女神阿尔忒弥斯被称为戴安娜。

每位神祇拥有特别的神庙进行供奉，被称为“教派”，每一教派拥有不同的祭司。在不同时间段，受人欢迎的教派也不同。如在1—4世纪时，杀牛者米特拉斯神的信徒众多。

另外，还有数百个较小的神灵，来庇佑生活中的方方面面，从天气、自然和农业，到健康、运气和繁荣。人们在家中建造祭坛和神龛，上面饰有这些神灵的画像或塑像，并奉有供品。

3秒钟总结

古罗马有许多男女神祇，这是由从其他文化中吸取而来的思想、信仰和传统混合而成的。

小知识

保护家庭的神祇

古罗马神灵可以保护生活中的每一件事情：两面神杰纳斯是保护大门和一切开端的神，也是家庭主要的守护神；女神卡蒂亚是负责保护门枢的神灵；利门蒂斯是保护门槛的神祇；维斯塔是护佑火灶、房屋的女神，也是古罗马家庭的信仰中心。古罗马诸神中甚至有一位肥料之神忒耳枯利乌斯，还有一位霉菌之神罗比古斯。

神话中一共有十二位男女主神

宗教节日

30秒大揭秘

古罗马历中有许多宗教节日，它们被称为假日（圣日），通常为了纪念一个或多个神灵。古罗马人相信这些神灵掌控着生活中的方方面面，假日的存在让神灵愉悦，因此收成一定会更好，人们的身体也会更加健康。

部分假日日期固定，如农神节在每年冬季举行，日期为12月17日之后的一周。农神节很像圣诞节，假日期间人们聚会宴饮、拜访朋友、互赠礼物。还有一些假日是在情况特殊，甚至是在面临特定威胁时出现的。祭司和政务官可能在军队取得大胜或认为古罗马处于严重威胁之中时发布命令，宣布休假。

纪念神灵的假日通常会有在神庙举行的仪式，在神庙中，人们背诵祈祷文，在神庙台阶前献祭动物作为牺牲。献祭时，通常会焚烧祭牲的主要器官，上升的烟雾把祭祀品带入神的世界。动物的其他部分在稍晚的时候被众人在宴会上分食——那是一场为众人举办的美味烧烤大会。

3秒钟总结

一年中，每个月都有节日和公共假日。

3分钟任务

用3分钟试想交换身份

在农神节时，富有的主人会与奴隶交换身份。奴隶可以在这一天穿上主人的衣物，等候主人的服侍。如果你可以在这一天与任何一个人互换身份，你将选择哪种身份，与谁互换身份呢？写下你认为自己在那一天可能经历的生活。

农神节是为纪念播种与农业之神萨图恩所设的节日，在每年的12月17日—23日举办

有时，家中的主人会与奴隶互换身份，度过这几天

每个人都在享受美食、美酒和舞蹈

人们在节日最后一天互赠礼物

基督来了

30秒大揭秘

古罗马人信仰多神教，但并非每个人都是如此。基督教由拿撒勒人耶稣在古罗马行省巴勒斯坦创建，认为世界上只有一位真神。

古罗马官员认为，拒绝信仰多神、只崇拜一位神的行为非常可疑。另外，早期的基督徒拒绝为被认为是半神的皇帝奉献牺牲。耶稣被钉在耶路撒冷的十字架上，没过多久，许多信徒也被驱赶到一起遭受折磨，最终被杀害。

然而，约公元312年，相传皇帝君士坦丁在一场战争前夜见到异象，耶稣指引他在第二天的战争中在基督十字下战斗。君士坦丁第二天果然在战争中取胜，这似乎证明了他对新神的信仰是正确的，于是他改信基督教。基督教徒与异教徒取得了信仰自由的权利，在公元380年，基督教成为罗马帝国的官方宗教。

君士坦丁和继任的皇帝帮助基督教领袖传播宗教，为他们建造教堂提供了资金。在接下来的两个世纪里，越来越多的古罗马人开始信仰基督教。

3秒钟总结

基督教在君士坦丁改宗后变得越来越流行。

小知识

基督的殉道者

在君士坦丁改宗之前，历代罗马皇帝害怕基督徒可能破坏罗马人和他们所信仰的神灵之间的关系，因此大肆逮捕、处决基督徒。有些基督徒被钉在十字架上或被烧死，有些被迫在角斗士比赛中战斗至死，或是与狮子等野兽搏斗。许多基督徒被迫秘密集会崇拜上帝。

君士坦丁是第一位信仰基督教的罗马皇帝，他约在公元312年改宗

在一场战斗的前夜，君士坦丁梦到天空中出现了十字，听到有人说：“你会在这个十字下取得胜利。”

君士坦丁让士兵将基督十字涂在盾牌上，取得了战争的胜利

君士坦丁结束了罗马帝国对基督徒的虐待，基督教最终成了帝国的官方宗教

帝国的终结

自公元3世纪起，强大的罗马帝国开始逐渐衰落。由于受到各方敌人的攻击，罗马帝国一分为二，以便更好地控制帝国疆域。西罗马帝国在5世纪灭亡，而东罗马帝国（又称拜占庭帝国）延续到1453年才灭亡。从共和国政体到排水系统，从混凝土到集中供热系统，古罗马人的无数奇妙想法和发明在今天依然可见。

西罗马帝国的灭亡

30秒大揭秘

公元2世纪时，罗马帝国的发展达到顶峰。然而，仅一个世纪之后，就陷入了严重的危机。帝国军队不仅要努力阻止东部的萨珊（即波斯）帝国入侵边境，还要与西部边境上位于北欧地区的日耳曼部落交战。帝国土地广阔，难以控制，皇帝力量虚弱，无力长期统治国家。仅仅75年的时间里，罗马帝国就换了超过20位皇帝。

284年，皇帝戴克里先登基，他决定将帝国分成四个区域，以便管理。根据他的安排，帝国共需要两位皇帝和两位“助理”皇帝，这一政体被称为“四帝共治制”。新政体最终导致罗马帝国在4世纪分裂为两个新帝国——东罗马帝国和西罗马帝国。

东罗马帝国的财富逐渐增加，但西罗马帝国的财富越来越少，而来自北欧地区“野蛮人”部落的袭击却越发猛烈。事实上，古罗马人雇用了“野蛮人”的敌对部落帮助自己打仗，这些战士凶猛善战，却对古罗马人很不忠诚。476年，皇帝罗慕路斯·奥古斯都鲁斯被军队统帅弗拉维乌斯·奥多亚克废黜，西罗马帝国就此灭亡。

3分钟任务

野蛮人

古罗马人将所有不在罗马帝国范围内居住的民族称为“野蛮人”。帝国周边有许多“野蛮人”民族，许多都是来自北欧地区的日耳曼部落。这些部落不仅同古罗马战斗，还互相争战。主要的部落包括哥特人（西哥特人和东哥特人）、法兰克人、汪达尔人、匈奴人和撒克逊人。

3秒钟总结

罗马帝国最终艰难地一分为二，西半部分的西罗马帝国最先灭亡。

罗马帝国最终一分为二，形成东罗马帝国和西罗马帝国
西罗马帝国发现“野蛮人”的进攻越来越频繁
匈奴人自西亚一路横扫，威胁到日耳曼部落和罗马的安全
西哥特人和其他日耳曼部落进攻罗马
西罗马帝国
罗马
君士坦丁堡
东罗马帝国
日耳曼部落中的汪达尔人进攻了北非和西班牙地区
476年，日耳曼部落的雇佣兵首领废黜了皇帝，西罗马帝国灭亡

东罗马帝国的衰亡

30秒大揭秘

与西罗马帝国不同的是，东罗马帝国经济繁荣，军队强大，国家安全得到保障，在西罗马帝国灭亡后又延续了近1 000年。

皇帝君士坦丁决定，将帝国首都由罗马迁至东罗马帝国内部。他在拜占庭（今土耳其地区）建造了一座城市，用自己的名字将首都命名为君士坦丁堡。

公元7世纪时，皇帝赫拉克利乌斯将东罗马帝国的官方语言由拉丁语改为希腊语，将首都君士坦丁堡的名字改回原来的希腊文名字“拜占庭”，因此东罗马帝国现在又称拜占庭帝国。

拜占庭帝国很快受到多次攻击。首先，来自北非的阿拉伯军队在640—698年攻击帝国，随后围困了拜占庭；来自瑞典的维京人在9世纪时攻击了首都。拜占庭军队奋力反抗，但在11世纪时，来自中亚的强大的塞尔柱突厥人开始征服拜占庭帝国的部分土地。最终，奥斯曼土耳其人在1453年让拜占庭帝国走向终结。

3秒钟总结

罗马帝国的后继者拜占庭帝国享受了一个世纪的辉煌，最终被奥斯曼土耳其帝国灭亡。

小知识

拜占庭人是什么样的？

拜占庭人说希腊语，创建了基督教东正教会。查士丁尼大帝是拜占庭帝国伟大的皇帝中的一位，他鼓励发展艺术、音乐和戏剧，还做出了多项改革，如允许妇女购买土地等等。查士丁尼还在君士坦丁堡（今伊斯坦布尔）建造了圣索菲亚大教堂，这座教堂至今仍是世界上非常大的礼拜场所之一。

东罗马帝国（后称为拜占庭帝国）延续了近1 000年的时间

313—364年
罗马帝国分裂为东罗马帝国和西罗马帝国

527—565年
东罗马帝国在查士丁尼一世的统治下达到鼎盛

626年
萨珊波斯人、阿瓦尔人和斯拉夫人围困拜占庭帝国首都君士坦丁堡

1326—1331年
奥斯曼土耳其人占领重要城市普鲁萨和尼西亚

公元1071年
小亚细亚地区（今土耳其地区）多数土地落入塞尔柱突厥人手中

公元634—641年
阿拉伯军队征服埃及和东地中海地区，随后，他们占领了北非大部分地区

1341—1347年
“黑死病”夺去了上百万人的生命，进一步削弱了帝国的力量

1453年
奥斯曼土耳其人征服了君士坦丁堡，拜占庭帝国灭亡

罗马帝国的遗产

30秒大揭秘

直到今天，我们依旧在使用许多古罗马时代的发明，包括混凝土、集中供暖系统甚至是罗马数字。许多现代化的道路依旧沿用古罗马时期的公路规划修建，罗马式建筑中壮丽的圆柱与门廊也依旧用于银行、法院等重要公共建筑。

古罗马人用高架水渠向城市运水，保证每日用水充足、水质清洁的思想在今天的城市规划中依旧是最基础的部分。古罗马人在街道下埋设的巨大排水管是许多现代城市排水系统的先驱。

许多现代民主政体的构成都遵照了古罗马时代的思想，如选举制、立法会议和独立的司法系统。古罗马人同样留下了许多法治思想，这其中就包括陪审团的设置、合同的签订和遗嘱的订立。

现代历法也是古罗马人的发明。公元前46年，尤里乌斯·恺撒进行了一系列改革，第一次将一年分为12个月，365天，还引入了闰年的概念。许多语言也是由拉丁语衍生的，包括法语、西班牙语和意大利语，被一并归入“罗曼语族”。

3秒钟总结

使罗马帝国走向辉煌的思想和发明同样在继续影响现代世界。

小知识

写作的历史

每当古罗马人征服新的土地或是“野蛮人”的地盘，就教给当地人罗马字母。由此，罗马字母表成了世界上传播范围最广的语言字母。直至约5世纪时，罗马字母都是从右至左阅读的。在传统罗马字母表中，没有字母J、U和W，而K、Y和Z仅用于源于希腊语的单词。

许多古罗马人的发明在今天还在应用

尤里乌斯·恺撒引入了一年365天的历法，并用自己的名字尤里乌斯（Julius）命名了七月（July）

罗马数字直至17世纪还在欧洲广泛应用，今天我们所使用的“阿拉伯数字”取代了它的地位——但有时我们还在使用罗马数字

古罗马人为我们提供了陪审团审判的观念

罗马字母是目前世界上应用最广的语言字母